अनकही

यादों के कुछ किस्से।

Madhu Kanwar Sankhla

BookLeaf Publishing
India | USA | UK

Made with ❤ on the BookLeaf Publishing Platform
www.bookleafpub.in
www.bookleafpub.com

Dedication

ये कविताएँ मेरे उन प्रियजनों को समर्पित है, जो अब मेरे पास नही, केवल मेरे यादों मे साथ है। इन कविताओं के जरिये हमेशा मेरे दिल के करीब रहेंगे।

Preface

मैने कभी कविता लिखने का सोचा नहीं पर जब भी किसी भी भावना का अतिरेक होता तो कविता लिखने का मन होता। पर फिर भी ये नही पता की इसकी एक किताब भी छप सकती हैं। अधिकतर दुःख के समय ये कविताएँ मेरा सहारा बन जाती है। पुस्तक के रूप मे ये मेरे लिए निधि के समान होगी और मुझे भी सबका प्यार मिलेगा।

आपकी प्यारी।

मधु।

Acknowledgements

सबसे पहले मेरी प्यारी बिटिया मेघा को धन्यवाद करना चाहूँगी जिसने मेरे इस कौशल की सराहना की और इसे पुस्तक के रूप मे प्रस्तुत करने को प्रेरित किया।

मेरे इष्ट देवी देवताओ, आत्मिय जन, कुछ खास सखियों और bookleafpub.in को धन्यवाद करती हूँ।

अंत में सभी पाठकों को अंत तक बने रहने के लिए धन्यवाद करती हूँ।

1. यादें

याद को क्या कह कर पुकारू,
एक अंतरंग सखी या फिर मेरा शत्रु।
कभी हँसने पर मजबूर करती है यादें,
और कभी हँसते को भी रुला देती है यादें।
याद कहाँ से आती और कहाँ चली जाती हैं,
इस बात की किसी को नही खबर।
पर मुझे पता है कि यह चीज है क्या,
मेरे ख्याल से बहती पवन, झूमते पुष्प है यादें।
जो पल भर के लिए हमें ले जाती हैं ,
सपनीले सुनहरे संसार में।
मै यह नही कहती कि प्यारी नहीं यादें,
पर कभी बन जाती है दर्दीली ये यादें।
अगर याद आए किसी याद की तो मधु को याद कर लेना,
मेरी लिखी इस यादों के साथ बात कर लेना।

2. जीवन

जीवन एक ज्योति है,
जिसे जलाये रखना हमारा यह उद्देश्य हैं।
जीवन एक ज्योति नहीं, संघर्ष हैं ।
जिससे झूझना ही हमारा धर्म हैं।
जीवन मानव के लिए है।
मानव जीवन के लिए नहीं,
जीवन की सही राह कोई और नहीं बताता बल्कि हमें स्वयम् ढूंढनी पड़ती हैं।
जीवन मे प्रवेश अकेले किया था और पलायन भी एकांकी ही होगा।
यहाँ कौन जीवन के सिवा कुछ लाया था और क्या लेकर गया।
जो देना है, इस संसार को दे दो मधु, इस जीवन के माध्यम से।
कल तुम और तुम्हारे जीवन का अस्तित्व भी नहीं रहेगा, रहेगी तो बस तुम्हारे अपने द्वारा किए अच्छे बुरे कर्म।

3. आँखे

आँखें भी बोलती हैं।
मन का हर भेद खोलती हैं।
कभी - कभी सभी को नचाती हैं आँखें।
कभी मस्त में मस्त होती हैं आँखे।
कभी राह को निहारती, इंतज़ार करती हैं आँखें।
किसी के स्वागत को खुद बिछ जाती हैं आँखें।
आँखों की वाणी कभी होती हैं वाचाल ,तो कभी शांत सरोवर सी आँखें।
आँखें मोती भी बरसाती हैं।
आँखें फूल भी झरवाती हैं।
आँखें सभी को लुभाती हैं।
आँखें कभी शर्माती, बलखाती, कभी झुक जाती हैं आँखें।

4. इंसान

आज स्वार्थ के तराजू में जीवन
को तोल रहा है इंसान।
आज मदिरा के मद मे सुख
को खो रहा इंसान।
आज भ्रष्टाचार के आँगन मे दम
को तोड़ रहा इंसान।
आज रिश्वत से घर रूपी मन्दिर
को भर रहा इंसान।
आज अन्याय के जाल मे खुद ही
फँस रहा इंसान।
आज अज्ञानता की आँधी मे मूर्खता
ही उड़ा रहा है इंसान।
आज शोषण से समाज का पतन
कर रहा इंसान।
आज धन की भूख मे एक दूजे का
खून बहा रहा है इंसान।

5. जाग जाओ

आज ना जागे तो जीवन भर सोये रहोगे।
आज आवाज ना उठाई तो जी कर भी मृत रहोगे।
कल किसने देखा ,आज की कहती हूँ,
अगर कुछ ना किया तो जहाँ थे वही रहोगे।
पहले तो ना पता था मौसम का पर,
अब वक्त का ना भरोसा तो अब बताओ, किसको क्या कहोगे?
हर घडी साँसों पर पहरा रहता हैं, धड़कन ही हो पहरी तो किसे
कहोगे?
जो तुम अब भी सोये रहे तो सोये ही रहोगे।
जागने पर सब छूट जायेगा पीछे और आगे चलेगी अंजान सी राहें।

6. मन की चिड़िया

मन की चिड़िया पंख पसारे,
घूमे सब जग साँझ सकारे।
इस मन की चिड़िया को,
कैद न कोई कर पाया।
इसी की स्वछंदता ने,
इस काया को भी उदंड बनाया।
बड़े हमारे कहते है कि मन के जीते जीत हैं और मन के हारे हार,
पर मैं कहती हूँ, मन की महिमा ना जाने कोई क्युकी वो हैं अपरंपार।
मन चाहे तो उड़े नील नभ में,
चाहे तो उतरे गहरे सागर तीर में।
ये चिड़िया एक अनोखी हैं जो ना खाती हैं, ना पीती हैं, बस अपने संसार में जीती हैं।
मन की चिड़िया ना बोले हैं ना देखे हैं।
एक देह आई इस संसार मे तो ईश्वर ने छोटा मन भी दिया।
माना उपकार किया उसने पर साथ में एक दिल भी तो दिया।
जब दिल ने चाहा और चाह कर भी ना पाया तो वो मन उड़ गया उस चाह को कल्पना के स्वर्ग में पाने।
जब मन की चिड़िया उस कल्पना लोक देखने लगी तो हूक उठी और किया देह ने प्रतिकार।
और उस दिल के आगे मन भी तो गया हार।

फिर बुद्धि का सम्राज्य छाया और मिटा सारा तम।
गगन पर भी थी दग्धता और मन की हो गई जीत।
चेहरे पर तेज था और सभी हो गए मनमीत।

7. सपनों का घर

मैने सपनों का एक घर बनाया था,
सोचा था सब होगा उसमे।
पर हुआ उससे उल्टा,
सब खो गया एक झटके में,
मैने जो देखा था सपने में।
आँखे तरसती एक नज़र को पर,
वह नज़र ही है बेखबर।
मन का पक्षी क्यूँ नहीं रहता एक जगह।
जब भी मिले मौका चला जाए वही,
जहाँ जाने को रोके जमाना।

8. अनमोल बोली

प्रेम की बोली, हैं अनमोल।
तोल- मोल कर इसको बोल।
शब्दों मे तो ताकत हैं।
सब शास्त्रों से घातक हैं।
शब्दों मे ही मलहम हैं।
जो सब दुःखों मे राहत दे।
प्रिय को अप्रिय कर दे, अप्रिय को प्रिय।
प्रेम की भाषा दे सीख, सदा रखो उसे हिय।
तब सारा जीवन हो जाए मंगल मय।

9. अपनो का आभार नहीं

अपने तो अपने होते हैं,
अपनों का आभार नहीं।
विकट परिस्थिति साथ रहे,
मन पर कोई भार नहीं।
सही अधिकारी मान के हो,
इसका तुम को भान नहीं।
भूल करे वो मानव हैं,
मानव हैं भगवान नहीं।
मानवता की मूरत हो,
कटु आपका व्यवहार नहीं।
मददगार, सलाहकार हो,
सच्ची सखी की हकदार तुम्ही।
हर क्षण पाउ प्रेम वही,
मधु बनू विषपान नहीं।

10. प्रियतम

प्रिय हो आप, प्रियतम भी आप।
जान भी आप, जहान भी आप।
आन भी आप, मान भी आप।
हँसी आप से, खुशी भी आपसे।
जीवन भी आप, धड़कन भी आप।
प्रेम भी आप,प्रीत भी आप।
आस भी आप, सांस भी आप।
सब कुछ है आप, हर मोड पर मधु मेघ हो साथ।

11. प्रयास

सतत करो प्रयास,
तभी तो मंजिल को पा जाओगे।
जीवन के अग्नि पथ को,
सहज पार कर जाओगे।
विद्या का अर्थ ग्रहण कर,
सच्चे विधार्थी बन जाओगे।
एक दिवस गुरुजन का नाम,
स्वर्ण पटल पर लिखवाओगे।
सफलता के पर्वत पर,
जब देख हमे मुस्काओगे।
हम भी गर्वित, नव पीढी को
वही छवि दिखलायेंगे।
ईमान, धर्म, श्रम, आदर, स्नेह,
संग और विनम्र बन जाओगे।
प्रगति पथ पर कोई कंटक,
कभी नही फिर पाओगे।
सतत करो प्रयास सभी
तभी तो मंजिल पाओगे।
जीवन के अग्नि पथ को,
सहज पार कर जाओगे

12. कथा

सत्य और असत्य की कथा,
सत्य सुकून तो असत्य है व्यथा।
सत्य का पलडा सदा ही भारी,
असत्य मुँह की खाये बेचारी।
सत्य का रहता बोलबाला,
असत्य करता गड़बड़ झाला।
सत्य हमेशा तन कर चलता,
असत्य का नाश तो एक दिन होता।
मन मे सत्य राम है।
असत्य जीवन करता हराम है।
सत्य को जीवन मे जो अपनाये,
भव सागर पार कर जाए।

13. नवदुर्गा

नव दुर्गा के नौ हैं रूप,
नौ के नौ है बड़े सुरूप।
आदि शक्ति कहलाती दुर्गा,
परा शक्ति कहलाती दुर्गा।
हर पुत्री में शैल पुत्री सी,
प्रेम रूप में मा भगवती,
रौद्र रूप में काली हैं।
हर रूप में अमृतमयी,
माँ हर कष्ट को हरने वाली हैं।
नवरात्रि में नवदुर्गा की पूजा,
इससे बड़ा ना सौभाग्य दूजा।

14. चाह

जीवन का ये वो मोड हैं,
जिसे हर कोई पाना चाहे।
कोलाहल से भरी जिंदगी,
कुछ सुकून सा चाहे।
मानो पंछी दौड़ भाग कर,
नीड़ में जाना चाहे।
अपना कर्म, अपना धर्म,
नव जीवन ही पाए।
नव पल्लव सी खुशियाँ,
मन सुरभित कर जाए।
जीवन का ये मोड़ वही जिसे,
मधु भी पाना चाहे।

15. धड़कन

हिंदी ह्रदय की धड़कन हैं,
इस पर वारे तन मन हैं।
हिंदी पर गर्वित हैं हम सब,
जाने दिवस की महिमा अब।
हिंदी स्नेहिल माता की भाँति,
सिंचित कर बच्चों का मनोबल।
जब भारत की पुण्य धरा पर,
मान मिले इसको विपुल अपार।
हर बच्चा बच्चा जान सके और
सच्चे मन से मान सके।
हिंदी मात का, तात का,
भ्रात का सा प्यार हैं।
एक बहना का सा दुलार हैं,
आओ मिलकर प्रण करे सभी हिंदी
को विश्व में पहचान देने की।
सभी मिल कर गर्व हैं कहे,
हिंदी हैं हम और भाषा हमारी हिंदी हैं।

16. परछाई

मैं थोड़ी सी माँ जैसी पर ज्यादा पापा जैसी हूँ।
मैं उनकी बेटी, उनकी परछाई जैसी हूँ।
मात- पिता के साये से।
मैं दबंग, उनकी राजकुमारी जैसी हूँ।
मैं लाख गलत, गलती हजार सही,
जो माफ करे, वो मात- पिता मेरे।
उस ईश्वर की अनमोल कृति,
जिसकी कोई नहीं कर सकता पूर्ति,
सदा रहे हाथ आपका सिर पर हमारे,
ताकि किसी भी हालत में ना हारे।

17. द्वंद

चाहे द्वंद का आवेग हो या हर्ष का सा वर्ष हो।
चाहे सूर्य सी तपन हो या काँटे सी चुभन हो।
संकटो का दौर हो या विकट ही सारे मोड़ हो।
ना आस हो, ना प्रयास हो।
तो याद आये, मुझको मात,
तो याद आये, मुझको तात।
कृतज्ञ सी मैं हूँ खड़ी,
स्तब्ध सी ये देखती।
चाहे द्वंद का आवेग हो या हर्ष का सा वर्ष हो।
चाहे सूर्य सी तपन हो या काँटे सी चुभन हो।
संकटो का दौर हो या विकट ही सारे मोड़ हो।
ना आस हो, ना प्रयास हो।
तो याद आये, मुझको मात,
तो याद आये, मुझको तात।

18. तुम खास हो

बात खास हो या आम,
जिस बात में तुम्हारा नाम वो खास।

अमावस के दिन आयी रोशनी हो तुम,
ख्याल हमारा भी रखती हो,
इतनी समझदार, मेरी शेरनी हो तुम।

खुशबू फैलाती सुरभि हो तुम,
प्रेम की भाषा पुलकित हो तुम।

रोज तुझे ही जब मैं देखूँ,
सुनु जो तेरी बात,
ऐसे लगता कैसे समझे मेरे
बिना कहे जज्बात।

सालों की माँगी मन्नत हो तुम,

जीवन को बना दे, वो जन्नत हो तुम।

प्यार नहीं, विश्वास भी जरूरी हैं,
दिल को बाँधे दिल से,
वो जज्बात भी जरूरी हैं।

खुश रहो सदा, नेह बरसाती रहो,
मेरी रहो सदा, औरों को तरसाती रहो।

जीने की वजह कोई हमसे पूछे
लब पर सिर्फ तेरा नाम आयेगा।

जीत भी तुम, प्यार भी तुम।
सुने जीवन की बहार भी तुम।

हर कदम पर तुम साथ थी,
ये क्या किसी दुआ से कम बात थी।

दिल की धड़कन तुझी से,
जीवन की सुलझने तुझी से।

प्यार कहूँ, करार कहूँ
या कह दू तुझे सुकून।

जिया जाए ना उनके बिना,
उनकी परछाई तू, जिसे देख कर हैं जीना।

होंसले तुम से पाए हैं,
फासले दुःखों से तुम्हारे कारण ही तो बढ़ाए हैं।

दोस्त एहसास है, जिंदा रहने का,
दुःख में राहत दे, काम करे मरहम का।
सुख मे चाहत मखमली तमन्ना का,
हर जन्म मे मिले वही साथी, वही आँगन और
वही सखियाँ, हो वही मायका।

जीवन की तमन्ना तू हैं,
प्यार भरे सपनों की मेघा तू हैं।

19. एहसास

मन था उदास, मानो हिम्मत था हार गया।
दिल के हर कोने मे, तन्हाई ने डेरा मार लिया।
सच्चाई से भरे कुछ मन थे।
जो अडिग मेरे साथ खड़े थे।
निराशा को पास आने ना दिया।
प्यार, विश्वास और आशा से सहारा दिया।
किस- किस बात का बखान करू,
मरुस्थल सी तपती जिंदगी में।
गूंजते आप मधुर संगीत से।
आप की सिखाई, राह पर चल सकू अविरल,
तो सच मानो मेरा जीवन भी हो जाए सुगम सरल।

20. संघर्ष

संघर्षो का जीवन हो,
कर्मभूमि तपोवन हो,
अनुभव जिनका स्वयं कहे,
जहाँ रहे वह मधुबन हो,
हर्ष हो, संघर्ष हो,
उत्कर्ष हो, निष्कर्ष हो,
विचार हो, विमर्श हो,
वही तुम्ही शीर्ष हो।
गुण की जैसे खान हो,
मन से चित्रकार हो,
हिंदी से जिसको प्यार हो,
कर्म ही जिनका मान हो,
सिद्धांतो को मानते,
हमको अपना जानते।

21. तुम बिन जिया जाए कैसे

जी ना पाएंगे तुम्हारे बिना,
ये सोचा था मैने कभी।
पर सासों के अलावा,
कुछ रहा नहीं अभी।

यादों की बस्ती में, अकेले से खड़े हम।
सोच रहे यही कब होंगे कम ये गम।

एक ख्वाहिश थी, हमेशा से दिल में,
बूढ़े होने पर , बातें करेंगे हजार।
तुम चले गए छोड़ मुझे मंझधार,
दिल की तमन्नाएँ हो गयी जार-जार।

खुद को समेट कर जी रहे है ऐसे,
मिलने के इंतजार में पलकें ना झपके जैसे,

तुम ही बता दो मुझे,
तुम बिन जिया जाए कैसे।

22. भय

मौत से भय कैसा,
एक दिन मिलवायेगी महबूब से।

प्रियतम की बेवफाई से, खफा नहीं।
ख़फ़ा हैं साथ छोड़ कर चले जाने से।

तुम जब मिलो, तो मुस्कुरा देना मुझे देख कर।
शायद आँखों के अश्को को सुकून मिल जाए।

तुम जहाँ हो वहाँ से देख लो,
तुम जहान थे मेरे।

खुश होगेँ बहुत मुझे रुला कर,
खुश ही रहो मुझे भूला कर।

शाम की तन्हाई मे तुम नज़र आते हो,
दिल की तन्हाई से बेखबर नजर आते हो।

23. नादानी

सब छोड़ तेरे पीछे चली आई ,
नादानी कहूँ या लड़कपन,
तुझे याद ना मेरी आई।

प्रेम की हदे, तय नहीं।
कहा शुरू, कहा ख़तम।
आँखो से शुरू हुआ अफसाना।
हमसफर की आँखों से ही खत्म हुआ फ़साना।

चाहू एक जन्म मिले मुझे,
मै तुम और तुम मैं हो जाऊ।
हसरतें दिल की बाकी जितनी, पूरी कर पाउ।
जैसे अश्कों के समन्दर मे छोड़ा,
मैं भी छोड़ तुझे चली जाऊ।

प्यार जो आँखो आँखो मे हुआ,
उसकी तदबीर न्यारी थी।
एक कहानी ख़तम हुई,
जिसके तुम राजा और मैं रानी थी।

24. आखिर क्यूँ

तुम चले गए एक दिन बिना कुछ कहे।
जाते तो कह कर जाते,
छोड़ गए हमें आखिर क्यूँ।

बिना कहे हर बात समझ लेती थी मैं,
हाथ छुड़ा लोगे उस दिन समझ नहीं पाई
आखिर क्यूँ।

तुम बिन कौन हमारा होगा,
कौन हमारा सहारा होगा,
सोचा नहीं आपने, आखिर क्यूँ।

चुप थे, कुछ ईशारा भी नहीं किया।

बात तो दूर, जिक्र हमारा ना किया।
देखा नहीं जी भर, आखिर क्यूँ।

25. आरज़ू

मनमीत हो मेरे पर मन क्या हैं मालूम नहीं।
तमन्ना आप हो मेरी पर आरज़ू क्या मालूम नहीं।
जान हो मेरी पर धड़कन क्या हैं मालूम नहीं।

26. हार

हार भी क्या चीज हैं।
दुश्मन के गले से लग
कर भी अपनी जीत सा।
अनुभव कराती हैं।

हार पुरुषों के लिए
शर्मनाक विषय हो परंतु
जिस स्त्री के पास हार हो वही
सही मायने में जीती हुई हैं।

27. दीदार

एक झलक हमें मिले, दीदार उनका हो।
आँखों के अश्को में खत्म इंतजार उनका हो।

जो कह ना पाए, वो कह जाए।
जो सुन ना पाए, वो सुन जाए।
एतबार ए मोहब्बत में एतबार उनका हो।

तेरी आँखो में प्यार देखा था मेरे लिए।
बोला नहीं कभी आपने मुझे पर मैं समझ जाती थी।
अब दिल कहे आँखे बंद करू तो ख्याल उनका हो।

जीना जीने जैसा ना लगे,
खलिस सी हैं जिंदगी में,
सोचती हूँ जो किया आपने हाल हमारा,
अगली बार वो हाल आपका हो।

28. कुछ कमी सी हैं

कहने को ठीक हैं हम, पर कुछ कमी सी हैं जिंदगी में।
सब कुछ तो किया पर क्या कमी थी बंदगी में।

सोचा ना था कुछ ऐसा होगा जीवन ,
अधूरे, अकेले खड़े होंगे, दुविधा होगी, आँसू होंगे,
सब सूना सूना सा होगा तुम बिन।

आज जरूरत थी तुम्हारी, पर तुम ना थे।
आज कंधा चाहिए था आपका, पर तुम ना थे।
सब ठीक होगा सुनना था तुमसे, पर तुम ना थे।

29. बंधन

बंधन में बंधना पसंद नही था मुझे,
पसंद था तो करनी मनमर्जिया।
जब जो चीज चाही, वही मिली मुझे,
फ़िर खारिज हुई मेरी अर्जिया।

जिस बंधन मे बंधने को छोड़ा सारा संसार,
उसी बंधन को तोड़ दिया उसने।
माँगा ज्यादा तो ना था, ऊपर वाले से,
छीन ली जमीं आसमां साथ में।

30. ख्वाहिश

कभी उन्होंने कहा नहीं,
फिर बात आँखों से बयाँ हो गयी।
खामोश वो थे और जिंदगी मेरी तबाह हो गयी।

तारीफ करने की आदत उन्हे ना थी,
पर एकटक देख, निहार लेते थे।
चुप रह इतना बोल देना,
इससे ज्यादा सुनने की ख्वाहिश मेरी ना थी।

www.ingramcontent.com/pod-product-compliance
Lightning Source LLC
La Vergne TN
LVHW011045061026
849535LV00011BA/4072
9781807159641